POEMAS DE MI PLUMA

JORGE MANUEL LUCAS ALVES

POEMAS DE MI PLUMA

·EDICIONES·PANGEA·

Primera edición: marzo de 2025

Del texto: © Jorge Manuel Lucas Alves

De esta edición: © Ediciones Pangea, 2025
41720 Los Palacios y Villafranca, Sevilla
www.edicionespangea.com

Edición al cuidado de José Peña Fierro
Diseño de cubierta: Darío Delos

ISBN: 978-84-129780-0-1
Depósito Legal: SE 498-2025

Impresión: Ulzama Digital
Impreso en España / *Printed in Spain*

Para Marilyn,
tu mirada abre camino a la primavera

¿ME PREGUNTÁIS POR EL AMOR?

¿ME preguntáis por el amor?
Bellaco sentimiento para algunos,
dulce melodía para otros,
tan cercano al desamor.
Hace soñar despierto,
vivir cada minuto con pasión.
No se puede gritar al viento,
no nos llegue la desilusión.
Abrazar, besar, estar contento,
sentirse feliz al ser amado,
soñar, vivir el momento.
Es el sentimiento
que nos hace vivir con pasión.
Ya lo probaron Pedro e Inés.
Pedro e Inés lo vivieron,
don Juan lo buscó,
Romeo y Julieta lo tocaron,
todos querían al amor.
Lo explicó Lope el grande,
en versos de gran poema,
Camoens de su genio salió
el amor como gran dilema.

Ay, amor, cómo te gusta
rodearte de la bella pasión,
mira el enamorado como disfruta,
bañado en tanta emoción.
Sentimiento bello, lindo, hermoso,
eso es el amor,
no hay algo más honroso,
que al mismo tiempo pueda cambiar a dolor.
De dolor sufrieron Isabel y Juan,
de Teruel naturales eran,
el amor se lo quitaron,
y por amor se murieron.

Morir de amor

Cupido a ambos encontró en el mercado:
de un lado, Juan, del otro, la bella Isabel.
Con la distancia social hizo un milagro,
el amor surgió debajo de un dintel.

Se opuso su padre a esta unión,
honesto pero pobre era el joven,
a los enamorados se les heló el corazón,
de amar nada saben los que se interponen.

Cinco años le prometió la joven mujer,
cinco años anduvo Juan luchando,
cinco años no es fácil creer.

Isabel acabó cediendo,
sin amor se casó,
sin amor los dos enamorados
acabaron la vida perdiendo.

EL GUADALQUIVIR

¡Oh, gran río del sur! Si la envidia matara,
muchos de tus amigos se secarían de rabia.
Poderosos como el Tajo, el Ebro,
el Duero o el Guadiana
¡te miran y pierden la calma!

Llamaron por ti de todas las lenguas y religiones:
para unos fuiste Betis,
para otros, Tharsis
y, para los más grandes, Baetis.
De África gente nueva apareció
con nuevas aspiraciones,
eras su Wad al-Kabir
y por ti rindieron honores.

Con Fernando ya te conocían los del norte.
¡Guadalquivir, dijiste, me llamo!
Con tesón no hiciste ningún reclamo.
Orgulloso, altivo, para muchos
eres el verdadero amo.
En tus orillas tanta historia corrió,
tantos pueblos y ciudades te rinden pleitesía.

Córdoba, Sevilla, más de una se rindió,
de amores por ti y por Andalucía.

Yo, un humilde escritor, te rindo homenaje,
siguiendo los pasos de los más grandes,
Quevedo, Góngora y Machado
¡sobre ti escribieron mucho antes!

MI BELLA BADAJOZ

BADAJOZ, ¿cómo puedo rendirte tributo?
¿Cómo puedo hablar de ti?
Me hablas y te escucho,
te quiero tener siempre cerca de mí.

Hace años que vivo contigo,
entre tantas te elegí.
Tienes siempre un hombro amigo,
sin ti no sé qué sería de mí.

Cada día que pasa estás más bella,
más confiada y llena de vanidad,
como una solitaria estrella,
que vela por nuestra libertad.

Tus calles llenas de historia están,
muchos no te quieren conocer,
otros te aman con afán,
allá ellos, no saben lo que van a perder.

Tan antigua en esta España nuestra,
llena de pueblos y culturas.

Tú que estuviste siempre puesta,
a los enemigos respondiste a la altura.

Desde muy antiguas raíces
en los libros tienes constancia.
Aquí muchos fueron felices,
desde su más temprana infancia.

Los celtici por aquí hicieron vida,
antes de aquellos que dominaron el mundo,
gente guerrera, valiente, erguida,
amaban su espada en lo más profundo.

Romanos en ti hicieron hogar,
mirando hacia tus dos colinas,
en su imperio llegabas al mar,
eras grande y lo sabías.

De pueblos germanos visita tuviste,
se guerrearon entre ellos.
Aun así, con las manos los recibiste,
cruda gente estos guerreros.

Otro pueblo por ti lloró,
llegado del otro lado del Estrecho,
crecieron tus muros que tanto amó,
te hizo reina con coraje en el pecho.

De Lisboa a ti,
del sur a Oporto,
fue ese tu reino,
y no me quedo corto.

Ciudad de cultura y filosofía,
en tiempos de tinieblas,
no te perdiste en melancolías,
a pesar de tantas guerras.

Portugueses y leoneses te buscaron,
entre ellos su sangre manchó tu tierra.
Al final, los últimos se quedaron,
habiendo un rey que quebró la pierna.

Con Alfonso ya en tu puerta,
nuevas gentes y nuevas culturas,
los tres pueblos los tuviste cerca
y compartisteis más aventuras.

Ciudad de frontera en aquellos tiempos,
Portugal siempre amenazante,
de guerra eran aquellos vientos,
ese sufrimiento lo tenías en tu semblante.

Con Felipe llegó la paz,
de ti hizo capital del imperio,

ya señor de Portugal,
pudo dominar todo el hemisferio.

En tus brazos su esposa murió,
en tu tierra dejó su hijo,
Felipe en luto se convirtió,
eso la historia lo dijo.

Con otro rey Felipe,
Portugal se rebeló,
ya sabemos lo que hiciste,
de nuevo la guerra entró.

Veintiocho años
la guerra en tus tierras corrió,
veintiocho años,
y tu pueblo se marchó.

Tiempos de guerra y sacrificio,
más murallas ganaste,
vino gente de mucho oficio,
y con ella te quedaste.

Con el quinto Felipe de nuevo la guerra,
otra vez llegó el portugués,
otra que se hizo eterna,
que hasta vino el inglés.

En aquellos tiempos tus gentes murieron,
dolor, sacrificio, tesón,
de la guerra y del hambre perecieron,
siempre con un corazón de león.

Con la paz de nuevo vino
un trueque de princesas.
Parece ser tu destino
recibir estas nobles empresas.

Con el francés la guerra llegó,
y tú un nuevo héroe conociste,
gaditano de cuna se presentó,
y bien lo recibiste.

Menacho con su gente
empezó a amarte como todos,
dejó su vida al defenderte,
le quitaron la vida los lobos.

Lobos que te quisieron tener
a la fuerza de la espada,
no sabían que enfrente te tenían,
ya con la mano en la daga.

Wellington llegó a tus puertas,
cerradas por el francés invasor,

aquí se ajustaron cuentas,
y después se dio el horror.

Largo siglo el diecinueve,
tenebroso, inestable, engañoso,
asistieron todas tus gentes,
con ese recuerdo borroso.

El veinte lleno de hambre y pobreza,
de nuevo una guerra por ti pasó,
tiempos de sacrificio y entereza,
el viento casi toda tu gente se llevó.

Amada Badajoz, qué gran historia tienes,
y a tu lado hubo siempre quien te acompañó.
Me preguntas: «¿A quién te refieres?».
Al Guadiana, ese que nunca te abandonó.

Río intenso, impredecible, inestable,
muchas veces intenta matarte,
otros días te quiere y es amable,
depende de lo que decida esa tarde.

Hoy tus gentes viven en paz y felicidad,
disfrutan de ti con amor,
lejos están los tiempos de guerra y falsedad,
ya está lejos todo ese dolor.

Por tus jardines la vida transcurre,
allí los enamorados se besan,
los niños con sus abuelos juegan
y los pájaros mirando a ver qué ocurre.

En estos de días de primavera,
el amor se adueña de tus calles,
muchos impacientes por la espera
son ahora rostros agradables.

Me recibiste con brazos abiertos,
reconociste mi valor negado,
que en mi tierra natal
siempre fue olvidado.

Contigo me siento feliz,
oh, Badajoz de mi alma y corazón,
cuánta alegría siento al ver
ese escudo con el león.

Por tus calles me enamoré,
tierra de bellas y bonitas mujeres,
algo que nunca olvidaré,
oh, ciudad, ¡qué hermosa eres!

Aquí encontré el amor,
noble sentimiento humano,

cupido trabajó con ardor
y yo con el corazón en la mano.

Badajoz, te dejo con estas palabras,
con el orgullo de vivir contigo,
espero que recuerdes a este humilde servidor,
que contó todo lo que has vivido.

ALCALÁ LA BELLA

¡POBRE de mí!
Pobre de mí por no haberte visitado antes,
hermosa y muy noble ciudad,
me quitaste las dudas que tenía hace instantes,
y te lo digo sin cualquier vanidad.

¡Alcalá! Así te haces llamar,
para mí eres la más bella de todas,
¿cómo no te podemos amar?
Si como tú hay muy pocas.

Me recuerdas tu enorme pasado,
lleno de pueblos y distintas culturas,
muchos nombres, ¿y cuál el más osado?
Eso lo dirán las generaciones futuras.

Complutum los romanos te llamaban,
aquellos señores del mundo
ya por ti suspiraban,
desde el lugar más profundo.

De ti nacieron dos niños,
dos mártires que todavía hoy veneras,

Justo y Pastor todos los años,
desde hace muchas primaveras.

¿Qué decir de tu Universidad?
Por quien Cisneros papel tuvo,
esa que busca y estudia la verdad,
donde muchos la miran con orgullo.

En tu escudo un castillo de oro
nos mira con orgullo y templanza,
sin duda un verdadero tesoro,
que nos invita a tener esperanza.

Por tus calles el Siglo de Oro estuvo presente,
desde el alcalaíno hasta el más forastero
hoy viven con esos tiempos en mente,
desde el más serio al más fiestero.

Todos gritan a los cielos
¡Alcalá! ¡La bella!
Donde las estrellas lloran con celos,
como el invierno a la primavera.

¡Ciudad de Castilla!
Ciudad de futuro,
Alcalá, la bella,
¡lo digo con orgullo!

CERVANTES Y CAMOENS, LOS MÁS GRANDES

¡GLORIOSO pasado! ¡Dominaron el mundo!
Dos naciones ibéricas tuvieron el honor,
por las armas en aquel mundo profundo,
por las letras en todo su esplendor.

Dos genios fueron contemporáneos,
uno de Alcalá de Henares, otro de Lisboa,
temprano la mano divina se alzó sobre ellos,
dando la pluma y la espada arrebatadora.

Cervantes y Camoens se llaman
de los dos idiomas las más altas figuras,
hoy sus premios son los que más se reclaman,
de entre tantas e insignes escrituras.

Cervantes más joven y serio,
en combate fue herido en la mano.
Camoens mayor y bohemio,
en combate un ojo perdió en vano.

De amores Cervantes el más tranquilo,
casado y buen marido.

De amores Camoens alzó su brillo.
¡Enamoradizo, huyó de más de un marido!

Recorrieron partes de su imperio,
uno por Italia y el Mediterráneo,
el otro por todo Oriente,
pero África los marcó para siempre.

De espada en mano, ¡siempre lista!
Por sus reyes lucharon.
Sufrimiento y dolor consiguieron,
hasta donde alcanza la vista.

¡Oh, dioses del Olimpo!
Mirad con envidia a estos dos hombres,
bravos, leales y genios,
inmortales en el tiempo.

Con el *Quijote* Cervantes tocó la inmortalidad,
de pluma en mano eligió un caballero,
soñador, caballeroso y símbolo de lealtad,
que mucha admiración causa en el extranjero.

Lusiadas escribió Camoens el viaje,
el de Gama a la India,
dedicado a Sebastián I el mensaje,
¡pronto se olvidaron de él por envidia!

Dos versos faltan sobre Camoens y Cervantes.
¡Ya no hay gente como la de antes!

Dulcinea o Aldonza

La llamó Dulcinea del Toboso
la pluma del genio Cervantes,
para amor de su caballero tormentoso,
conociéndola ya mucho antes.

Aldonza Lorenzo se llamaba,
mujer del pueblo llano, labradora,
cualquiera que la conocía la amaba,
carácter, belleza, luchadora.

De la verdadera cambió su nombre,
la hizo princesa, noble, con dote,
doncella para sueños del hombre.
¡Cervantes la creó para su Quijote!

Por ella luchó el noble caballero,
con la alta regla caballeresca,
siempre con enorme entereza,
¡solo ella podría batir aquel corazón de acero!

Cervantes obligó a su Quijote a amarla
—mujer bella, virtuosa, perfecta—,

listo para luchar con quien osaba enfrentarla.
¡Todo lo cuenta en esta obra maestra!

Dulcinea, o mejor dicho Aldonza,
de su belleza Afrodita tuvo celos,
con ojos de llorar miraba su hermosura,
sin saber si tenía o no más dulzura.

Arete aplaudió su virtud,
esta, hija de Poseidón,
no temió de ella cualquier inquietud,
grande era su corazón.

Nueve son las hijas de Zeus,
bajan del Olimpo para visitar a los genios,
estas Musas a Cervantes dijeron:
«¡Escribe sobre el mejor caballero del Imperio!».

Esta tierra de Extremadura

Al conocer este gran premio,
sus bases empecé a leer,
después me pregunté: «¿Será capaz mi genio?».
Eso no lo puedo saber.

Leído todo lo que está escrito,
un tema tenía que ser elegido,
un poema bello y bonito
sobre Extremadura fue escogido.

De inmediato mi pluma empezó a correr,
imágenes, sonidos, olores,
nada quería yo perder,
con tal variedad de colores.

En esta tierra no nací,
hace tiempo que vine a vivir en ella,
mucho viví y conocí,
en esta tierra tan bella.

Amigos aquí fui a encontrar,
gente buena, humilde, leal,

mi vida fue a empezar
en este sueño bien real.

Dejemos de hablar de mi vida,
que de Extremadura es el tema,
no quiero tierra ninguna perdida
dentro de este humilde poema.

Empezando por el sur,
de Badajoz provincia,
llegados desde el campo andaluz,
tierra que nuestros corazones conquista.

Monesterio surge en el camino,
Santiago, la cruz en su escudo,
puerta de Extremadura tiene como destino,
como su jamón no hay ninguno.

En sus campos dólmenes tenemos,
nos marcan su historia antigua,
del hombre siglos de presencia vemos,
en esa sierra de grandes extremos.

Templaria fue su cuna,
en esa sierra de Tentudía,
mar de encinas como ninguna,
allí mucha gente se perdía.

¿Y qué decir de Montemolín?
Grande y poderosa Alcazaba nos llama,
mirando a una dehesa sin fin,
por los siglos de los siglos la ama.

Situado en Sierra Prieta,
por esta villa muchos pueblos pasaron,
cada uno con su *vendetta*,
al que estaba antes lo echaron.

Aquí los árabes se hicieron fuertes,
a toda costa tenían que impedir
que los cristianos al sur llegaran,
mucho dolor tuvieron estas gentes que sufrir.

¡Veo la cruz de Santiago!
En el escudo de la villa,
nos recuerda que por aquí anduvieron.
No me extraña, esta tierra es una maravilla.

De Fregenal dos fresnos nos reciben,
allí Amadeo creó ciudad,
donde Sierra Morena llega
caminando con mucha dificultad.

De la bella Sevilla reino formó.
Desde las torres de su castillo,

el amor entre ellas tarde terminó,
quiso Dios ese destino.

Arias Montano de allí era,
un hombre del dieciséis,
humanista nacido en una sierra,
biólogo, traductor, poeta, todos lo conocéis.

A camino de Portugal encontré
una tierra mártir por la guerra,
Villanueva del Fresno, así se llama,
esta bendecida tierra.

Rica historia pasó por ella,
al estar tan cerca de la frontera,
aun así, se mantiene muy bella,
a pesar de una y otra guerra.

Conquistada por el reino vecino,
en el diecisiete la llamaron Vila Nova de Portugal,
pronto el conflicto enseñó su lado más mezquino,
con su destrucción nunca más fue igual.

En zona de frontera se encontró
la muy noble y muy leal ciudad,
que el sudor templario formó,
que templar la vecindad.

Por ella lucharon las tropas del noveno Sancho,
guerreros templarios por allí llegaron,
del castillo y las torres se sabe,
con mucha riqueza allí mandaron.

Así es Jerez de los Caballeros,
fenicia, romana, visigoda, musulmana,
tantos por allí pasaron antes de ser cristiana,
por todos aquellos fueros.

Portugal la conquistó tres veces,
en aquella guerra tan larga,
la que ganó Felipe el Borbón,
todo un conflicto a larga escala.

De sus puertas muchos caballeros
al nuevo mundo cogieron camino,
Balboa encontró el Pacífico,
los otros, lo que quiso el destino.

¿De Cheles que podemos decir?
¿Será otra tierra de frontera?
Allí donde el Guadiana piensa venir,
y donde el agua en el Alqueva espera.

Grandioso y poderoso castillo,
compañero de águilas y halcones,

defendió aquellas tierras
de un ingente mar de ladrones.

Templaria por pocos años estuvo,
por el final de la orden del templo,
aun así, mucha historia hubo,
con esta rueda que es el tiempo.

Abandonada en el diecisiete
por aquella guerra terrible,
después los vecinos llegaron, ¿lo sabéis?,
con su alma invencible.

La bella Llerena nos recibe,
noble, altiva, señorial,
confieso que por allí nunca estuve,
pero la acabaré visitando al final.

Ciudad bella e imponente,
a Felipe el cuarto de los Habsburgo
se le debe tal prestigioso título
a este tan importante burgo.

Ellerina para los árabes,
también aquí asentaron raíces,
tierra rica y abundante,
durante siglos aquí vivieron felices.

Conquistada por la orden,
hoy luce su cruz en el escudo,
residencia de sus maestres,
nos enseña la importancia que siempre tuvo.

En una luz tan bonita,
una sombra se cierne sobre ella,
la odiosa Inquisición aquí estuvo,
murió mucha gente por ella.

La guerra contra el francés
se cebó mucho con la ciudad,
trajo destrucción y muerte,
acabando con cualquier tipo de felicidad.

La bella Zafra nos da la bienvenida,
allí donde los Figueroa plantaron su señorío,
para su Alcázar fue la elegida,
todavía hoy sus muros son testigo.

De Safra o Çafra viene su nombre,
pasado antiguo y hermoso,
de las taifas de Badajoz y Sevilla fue frontera,
esta tierra de pasado glorioso.

Los romanos en la Bética la metieron,
Fernando le puso la cruz,

aquellos días terribles fueron,
en su correría hacia el campo andaluz.

Hoy una gran feria acoge,
nacional, internacional y prestigiosa,
animada, festiva, preciosa,
se puede lucir la mujer hermosa.

Fuente de Cantos ¡de Zafra cercana está!
Tierra donde pasa la Vía de la Plata,
escudo con leones y castillos le regaló su Majestad,
de viñedos, olivares y dehesas está harta.

Un genio del Barroco allí nació,
figura única y talentosa,
el gran Zurbarán allí vivió,
que no es poca cosa.

Para Santiago se tiene que hacer parada,
en este pueblo tan acogedor,
toda la gente que recibe la llamada,
que camina y camina sin dolor.

Entre campos de vides vamos a encontrar
a la muy noble Almendralejo,
señora en su Tierra de Barros,
siempre nos regala algún que otro consejo.

Viñedos hasta perder la vista,
cultura del buen vino y cava,
tierras ricas donde nada se acaba,
y sus gentes nos reciben con una buena sonrisa.

Una ciudad llena de romanticismo,
buscando cada año el diecinueve,
al visitante bien parece un espejismo,
mucha gente por allí se mueve.

Espronceda y Carolina,
Carolina y Espronceda,
dieron riqueza a la villa,
donde la cultura no termina.

Hablar de batalla es hablar de La Albuera,
donde miles de hombres su vida sacrificaron,
los aliados de los franceses les hicieron una espera,
una victoria que pronto comunicaron.

La batalla de hoy es una gran fiesta,
visitantes y vecinos se unen a ella
para recrear como una obra maestra.
Venid a verla, es muy bella.

Bellas sus mujeres son,
de este pueblo tan pequeño,

creedme tengo toda la razón,
su belleza es de ensueño.

Salvaleón, donde Menacho engañó
a aquellos franceses que todo arrasaban,
para pasar la oportunidad esperó,
e hizo que los tambores tocaran.

Allí se refugió Ibn Marwan el moro,
el que después Badajoz fundó,
Córdoba por él ofrecía oro,
pero pronto de sus manos escapó.

Pueblo con mucha historia de guerra,
arrasado y destruido muchas veces,
siempre por los mismos portugueses,
que la guerra trae y encierra.

También aquí los Figueroa mandaron,
de las tierras se hicieron señores,
de la primavera siempre esperaron
que naciesen cada vez más flores.

Si hay lugares bellos en España,
Olivenza es uno de ellos,
lo dice aquel que no engaña,
el que paseó mucho por ellos.

Dos culturas la hacen vivir,
portuguesa y española,
española y portuguesa,
hace mucho que sus vecinos dejaron de sufrir.

Única y tierra de frontera,
su alma llena de historia,
hoy quien coge la carretera
llega a esta ciudad de concordia.

Castillo, calles, iglesias, cultura
tienen en su corazón parte de Portugal,
todo junto crea una escultura,
donde su Torre del Homenaje no tiene igual.

Alburquerque nos mira con altivez,
desde aquel poderoso castillo,
aún me acuerdo cuando lo visité por primera vez,
lo hice en el pasado siglo.

Por sus calles en agosto
los vecinos tienen su festival medieval,
allí todo es precioso,
desde el primer día hasta el final.

Pasado moro, judío, cristiano,
todo junto se puede allí mirar,

voy por lo menos una vez al año,
y siempre me quiero quedar.

Tierra de caza, de dehesa,
sus bellos campos de flores se llenan
cuando las golondrinas allí llegan,
hay que vivir tal empresa.

¿Y qué decir de Badajoz y sus gentes?
De esta muy noble y muy leal ciudad.
Vecinos y extranjeros sus calles llenan,
venid a conocerla, ¡os lo digo de verdad!

Por sus puertas el noveno Alfonso entró,
ciudad disputada entre León y Portugal,
en sus muros todo esto marcado quedó,
con la cruz vencedora se quedó al final.

Durante siglos la guerra estuvo presente,
sus vecinos de gran coraje y tesón
hicieron de esta una ciudad valiente,
como su escudo con el león.

Ibn Marwan la fundó,
o eso dicen hoy en día,
en el cerro de la muela levantó
su ciudad, por la que combatiría.

Alcazaba, iglesias, museos, murallas,
tierra de cultura y saber,
o su gran carnaval internacional,
el que todo el mundo quiere conocer.

El gran Guadiana tan presente está,
atraviesa esta bella ciudad,
donde cuatro puentes lo desafían,
por allí pasa con mucha falsedad.

Guerras, sufrimiento, dolor, muerte,
tan presentes en el pasado,
alegría, fiesta, amor, vida,
tan presentes en el presente.

Ciudad de hermosas mujeres,
su belleza quedó reflejada en los libros.
Amada mía, qué bonita eres,
desde los tiempos más antiguos.

Muy cerca de Badajoz tenemos Mérida,
ciudad romana por excelencia,
hoy en día capital de la Comunidad,
sus monumentos son visitados con frecuencia.

Octavio Augusto el primer emperador
de aquel gran y eterno imperio

la mandó construir en pago de un favor,
antes de empezar el primer milenio.

Acueductos, embalses, puentes, teatro,
a todo esto se tienen que añadir
templos, circo, villas y un anfiteatro,
con todo esto los vecinos tienen que vivir.

Rebelde contra el Califa siempre fue,
de este surgió la destrucción,
del gran acueducto que sus aguas regalaban,
a una ciudad a la que engañaban.

Por sus calles se escucha mucha gente,
portugués, inglés, francés, alemán, castellano,
quieren revivir tiempos antiguos,
sin olvidar al chino o italiano.

Ciudad de cultura y saber,
su enorme museo romano nos cuenta
todo lo que debemos también ver.
¡Esta ciudad sin duda marca la diferencia!

Otro castillo en una colina nos da la bienvenida,
Medellín nos mira con sus siglos de historia,
con su inseparable Guadiana en su crecida,
desde los tiempos en que hay memoria.

Su nombre de un romano viene,
Metellinum se dio a conocer,
por allí pasó el que más tiene,
cruzar aquel falso río sin más padecer.

Hoy aprendí una cosa nueva,
confieso mi ignorancia,
que allí estaba Conisturgis,
esa que siempre oí en mi infancia.

Capital del bravo pueblo de los Conios,
a quien los belicosos lusitanos arrasaron,
tiempos aquellos de lucha intensa,
que los tiempos nos revelaron.

Su bello teatro romano nos llama,
en la cuesta del gran castillo,
siglos y siglos de espera,
soterrado quedó olvidado.

Cortés allí nació y se hizo hombre,
aquel gran conquistador,
tierra entonces llena de hambre,
se fue como cada gran soñador.

No me puedo olvidar de lo que allí pasó,
en la guerra contra el francés,

gran batalla en sus campos se libró,
luchando el ejército sin la ayuda del inglés.

Recorriendo la carretera llegamos a Don Benito,
que se va a unir con Villanueva de la Serena.
¿Será un gesto así tan bonito?
¿Será que merecerá la pena?

Ciudad llena de riqueza,
de sus campos se ha ganado,
con estos vecinos de gran entereza,
mucha gente de fuera allí se ha trasladado.

Pecuaria y agricultura,
los dos grandes pilares,
que con los espacios naturales
muchos parten a la aventura.

Casi llegando a Castilla la Nueva
tenemos a Herrera, la del Duque fue.
Bellos son sus campos en primavera,
por lo menos aquellos que busqué.

Encinas y alcornoques llenan los campos,
la caza así lo agradece,
un gran reclamo para tantos,
que allí están ya cuando amanece.

Para unos Lucina fue,
para otros la verdadera Oppido Hera,
el nombre que los romanos le dieron,
la verdad todavía se espera.

De allí es Celia la cantaora,
puro orgullo extremeño,
cantó su himno con tesón,
para ella el mundo es pequeño.

Tanta cosa que contar,
tanta cosa que decir,
de esta provincia bella,
la de Badajoz, donde elegí vivir.

Aquí las casas son blancas,
la cal las pone así,
del terrible sol las protege,
si no, qué sería de mí.

Dehesa, olivares, viñedos
gran riqueza nos dan,
donde pueden jugar los pequeños,
allí donde sus padres van.

Aire puro, limpio y viento,
tierras llanas o de sierra,

donde las estrellas del firmamento,
ofrecen su luz a quien espera.

Liebres, perdices, conejos,
tierra, amada por el cazador,
que suele salir en cada concejo
caminando como la abeja hacia la flor.

Ríos, arroyos, riberas, pantanos,
donde el pescador es feliz,
los peces caen en esos engaños,
como al cazador la perdiz.

Por estas tierras la cigüeña está,
llega buscando sosiego y alimento,
¡todo un símbolo de la Comunidad!,
aquí nada le da tormento.

Al norte, otra provincia tenemos,
dentro de esta Extremadura,
surge la de Cáceres que tanto queremos,
allí donde la piedra es bien dura.

De Cáceres podemos escribir,
pero qué más os puedo contar,
qué bello es allí estudiar y vivir,
como las olas en el mar.

Ciudad antigua, hidalga, señorial,
su caserío con las murallas delante,
toda una ciudad imperial,
durante siglos fue importante.

Musulmanes, judíos y cristianos,
todos allí dejaron su huella,
hoy viven como hermanos
en esta ciudad tan bella.

Igual que Mérida, tenemos patrimonio mundial,
palacios, iglesias, murallas, cisternas,
siempre con el sonido de algún festival,
allí donde las noches son eternas.

Por San Jorge día festivo es,
también un mercado medieval tenemos,
fiestas de gran y aplaudido interés,
al balcón hablamos y bebemos.

Junto al río Tajo, Alcántara tenemos,
dominando su cruce durante siglos,
que fue importante lo sabemos,
de ello hay numerosos testigos.

Puente romano imponente,
dos mil años de alegrías y tormentos,

construcción poderosa, potente,
tuvo de todo en sus momentos.

Los visigodos la llamaron Oliba,
pero muy pronto lo dejó de ser,
un nuevo pueblo cruzó la orilla,
después de a Don Rodrigo vencer.

Estos la llamaron Al Qantarat, el puente,
hasta que vino el noveno Alfonso,
allí tenemos la sede de la Orden Militar,
que a este rey fue sirviente.

De sus vecinos gente ilustre tenemos,
San Pedro de Alcántara allí nació,
de la guerra del francés conocemos,
que allí mucha gente murió.

Y qué decir de Trujillo, el extremeño,
uno de los lugares más bellos de España,
solo una vez lo visité y no era tan pequeño,
allí llegué y la vista no engaña.

Casas hidalgas, señoriales,
en la cima, un famoso castillo,
de todos los tiempos hay señales,
de más de una guerra fue testigo.

De allí son Pizarro y Orellana,
como muchos otros conquistadores,
cogieron sus cosas con gana,
de allí salieron en busca de oro y honores.

Por sus campos manda la dehesa,
que enriquece la gastronomía,
no me canso de alabar su belleza,
aun cuando tiene la otoñal melancolía.

Muchas fiestas se celebran en bella ciudad,
en su hermosa plaza,
una de ellas me llena de felicidad,
el chíviri al ritmo de comparsa.

Arroyomolinos es fiesta,
tierra de alegría y pasión,
reconozco que en una villa como esta
una vez dejé allí el corazón.

Pueblo de hermosas mujeres,
allí se celebra la lucha contra el francés,
puedes participar en la recreación si quieres,
de francés, español, inglés o portugués.

Rodeada de montañas esta villa se encuentra,
en un gran llano fértil y verde,

a las tormentas se enfrenta,
y te aseguro que nunca pierde.

Camino de Castilla la Vieja,
me surge por el sendero la vieja Coria,
nos quiere contar su historia por una reja,
que va más allá de la memoria.

Tierra orgullosa, guerrera, antigua,
por allí muchos pasaron,
siempre con su frente altiva,
fueron pocos los que la dominaron.

La Cauria prerromana, la Cavrivm romana,
a los dioses se entregaron,
la Quriya musulmana, la Coria cristiana,
a esos dioses se negaron.

Sus murallas bien merecen una visita,
testimonio romano, musulmán y cristiano,
allí sus manos la dejaron a la vista,
en aquellos tiempos de antaño.

Portugueses y franceses sus campos devastaban,
en aquellas guerras tan inútiles como frecuentes,
cuando los reyes opinaban
sobre el conquistar más tierras para sus gentes.

Por San Juan la gente se divierte,
la principal fiesta de la ciudad,
desde el más pequeño al más grande se convierte
en el más puro ejemplo de humanidad.

Ut placeat Deo et hominibus
es el lema de Plasencia,
fundada por el octavo Alfonso de Castilla,
las antiguas calles tienen su esencia.

Puerta de entrada en el Jerte,
entre montañas y dehesas está,
es una urbe diferente,
aunque se mire más allá.

Su Semana Santa fama tiene,
sus festivales gastronómicos dan cobijo,
gente que viene y se mantiene,
desde el padre hasta el hijo.

Cáceres, Trujillo, Coria y ahora Plasencia,
ricas en murallas, iglesias, castillos y conventos,
todo eso mantenía su existencia,
sobre todo, en aquellos malos y difíciles momentos.

Por esta ciudad también el francés anduvo,
saqueando y castigándola sin piedad,

por estos estos parajes se mantuvo,
hasta que vencidos y humillados cayeron en
[la realidad.

Sobre más villas y ciudades podría aquí escribir,
desde la frontera andaluza a la de Castilla la Vieja,
todo un mundo en que hay que vivir,
verás que no tendrás ninguna queja.

¡Esta es Extremadura!,
tierra de grandeza, honor y gloria,
donde todavía hoy perdura
toda su verdadera historia.

Castillos, palacios, conventos,
iglesias, plazas, acueductos,
con guerras en todos los momentos,
aun así, las tierras dan sus frutos.

Aquí tenemos el valle del Jerte,
con sus flores y frutos,
gente de todo el mundo,
viene a pasar unos segundos.

De la Vera tenemos el afamado pimentón,
embajador de España por el mundo,

usado en restaurantes cumple con su función,
desde la más rica ciudad al pueblo más profundo.

Muy cerca de Cáceres podemos apreciar,
buscada por toda la geografía,
la afamada Torta del Casar,
se tiene que probar un día.

De Salvaleón a Monesterio,
no importa qué villa extremeña elijamos,
¡no hay ningún misterio!,
buen jamón seguro que encontramos.

Por toda la Comunidad buen vino hallamos,
de tierra de barros tiene calidad,
pero seguro que, cuanto más viajamos,
más vinos buenos tenemos en realidad.

Señores y señoras, esta es Extremadura,
la que por los tiempos perdura.

Índice

Esta edición de *Poemas de mi pluma*,
de Jorge Manuel Lucas Alves, terminó
de imprimirse en marzo de 2025.